Der a-religiöse

DAOISMUS

Michael Wittschier

Der a-religiöse

DAOISMUS

natürlich • einfach • menschlich

mit Illustrationen
des Autors

Bibliographische Informationen der Deutschen Nationalbibliothek:
Die Deutsche Nationalbibliothek verzeichnet diese Publikation in
der Deutschen Nationalbibliographie; detaillierte bibliografische
Daten sind im Internet über dnb.dnb.de abrufbar.

Verlag: BoD · Books on Demand GmbH, Überseering 33,

22297 Hamburg, bod@bod.de

Druck: Libri Plureos GmbH, Friedensallee 273, 22763 Hamburg

ISBN: 978-3-7693-2692-5

Obwohl die daoistischen Denker Lao Zi und Zhuang Zi im 6. Und 4. Jahrhundert v.u.Z. im fernen China lebten, ist ihre Weisheitslehre bis heute lebendig und von großem Interesse.

Die Lehren von Lao Zi (Laotse = Alter Meister) sind im *Daodejing* überliefert. Der Han-Kaiser Jing verlieh ihm diesen Titel im 2. Jahrhundert v.u.Z.: *Das Buch von der Tugend und dem Weg.*

Die Weisheitslehren des Dichters und Denkers Zhuang Zi (Tschuangtse = Meister Zhuang), dem geistigen Schüler von Lao Zi, erhielten im 8. Jahrhundert n.u.Z. vom chinesischen Kaiser Xuanzong den poetisch klingenden Ehrentitel: *Nanhua Zhenjing*, zu deutsch: *Das wahre Buch vom südlichen Blütenland.* (Zhuangzi-Zitate im Folgenden mit Kapitelangabe). Diese beiden Bücher sind die Grundlagenwerke des a-religiösen Daoismus.

Lao Zi (6. Jh. v.u.Z.)

Zhuang Zi (365-290 v.u.Z.)

Albert Schweitzer: »*Die alt-chinesische Naturphilosophie ist tiefer als die alt-griechische. [...] Kant und Hegel sind Ereignisse im europäischen Denken. Laotse ist ein Ereignis im Denken der Menschheit.*« [1]

Karl Jaspers: »*Die bewunderungswürdige Erfindungsgabe Tschuangtses, seine eindringenden Gedanken über Welt und Wirklichkeit, über Sprache, über die mannigfachen psychologischen Zustände, sein Reichtum machen ihn zu einem der interessantesten chinesischen Autoren.*« [2]

Das chinesische Schriftzeichen dào (道) heißt wörtlich *Straße* oder *Weg* und setzt sich aus den beiden Schriftzeichen für *gehen* bzw. *Straße* und *Kopf* zusammen. Im übertragenen Sinne könnte man es auch mit *Gedankengang* übersetzen.

Die daoistische Weisheitslehre spricht vom DAO im dreifachen Sinn:

• Sie meint damit erstens den großen kosmischen Zusammenhang, der seine Kräfte aus einer leeren Mitte heraus entfaltet, die dann von selbst so (zì rán) – für uns besonders gut sichtbar – im Jahreskreislauf wirksam werden, ohne damit ein bestimmtes Ziel zu verfolgen.

• Zweitens wird damit der Weg eines Menschen bezeichnet, der im Einklang mit dem unaufhörlichen Wandel der Natur lebt und dabei die Tugend des Nicht-Tuns dem (wú wéi), dem minimalistisch-pragmatischen Eingriff in ein Geschehen, entwickelt. Wer sorg- und ziellos durch die Gegend wandert, erlebt ohne Anstrengung, was damit gemeint ist. Sein Herz-Geist öffnet sich den natürlichen Eindrücken und erweitert dadurch seine Wirkkräfte. Deshalb sagt Zhuang Zi: *»Der Weg entsteht beim Gehen.«*

• Wer so lebt, verwirklicht sein Naturell als aufrichtiger Mensch (zhên rén). Dadurch wird drittens die alles entscheidende ethische Orientierung im daoistischen Sinne begründet.

Die Grundlage für das daoistische Denken ist das älteste chinesische Weisheitszeugnis, das *Yiing* (I Ging) aus dem 9. Jh. v.u.Z. – *Das Buch der Wandlungen.*

Dieses thematisiert in Form eines Orakelbuchs das Prinzip, das jeder Art von Leben zugrunde liegt, nämlich den stetigen Wandel der Dinge bzw. die fortgesetzte Transformation von Energiezuständen [4], die wir vor allem in Form von Gegensätzen wie jung und alt, hungrig und satt wahrnehmen oder auch beim Schmelzen von Eis.

Ralph W. Emerson (1803-82)

»Wir brauchen eine Philosophie des Flusses und der Beweglichkeit; kein Haus, sondern ein Schiff.« [3]

Für das *Yiing* symbolisieren yîn und yáng, die Schriftzeichen für die helle »Südseite der Berge« (陰) und die dunkle »Nordseite der Täler« (陽), die beiden aufeinander bezogenen kosmischen Urkräfte des DAO. Sie bestimmen nach altchinesischer Auffassung auch die grundlegenden menschlichen Lebenserfahrungen wie Gesundheit und Krankheit und elementare seelische Zustände wie Freude und Trauer.

YIN und YANG werden in Form einer durchgehenden und einer gebrochenen Linie dargestellt. So betrachtet, wären sie nur Ausdruck von zwei entgegengesetzten statischen Situationen. Als Symbole für die sich ständig verändernden Lebensprozesse von Entstehen und Vergehen wurden sie im *Yiing* dadurch dynamisiert, dass man auf die Seiten eines Orakelknochens sowohl eine starke YIN- und eine schwache YANG-Linie einritzte als auch auf der gegenüberliegenden Seite der YIN-Linie eine sich wandelnde YANG-Linie und auf der gegenüberliegende Seite der YANG-Linie eine sich wandelnde YIN-Linie.

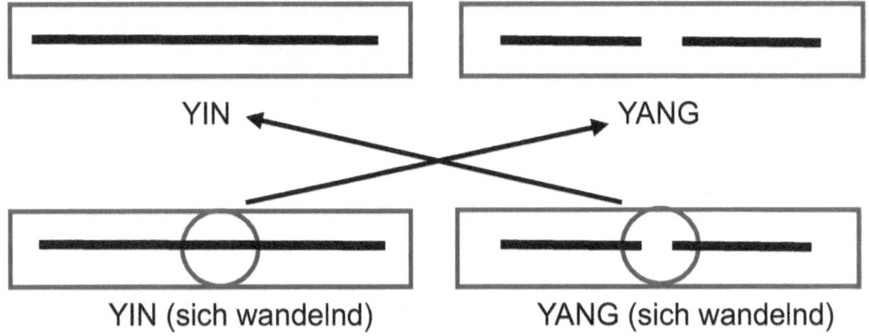

Damit soll deutlich werden, dass sich jede YANG-Situation in eine YIN-Situation verwandeln kann und umgekehrt – so wie auf das Einatmen ganz von selbst das Ausatmen erfolgt und auf das Ausatmen das Einatmen.

YIN & YANG		
↙	↓	↘
Abendländische Philosophie	**Daoismus**	Hegelianismus
Gegensätze als Eckpunkte ein- und derselben Substanz	**In stillen, kontinu-ierlichen Wandlun-gen regulierend aufeinander Ein-fluss nehmen**	Dialektischer Pro-zess nach dem Schema: These → Antithese → Synthese

Seit dem 11 Jahrhundert n.u.Z. werden YIN und YANG kreisförmig in Gestalt des *Taijitu* (= »Symbol des sehr großen Äußersten / Höchsten«) dargestellt, das stark stilisiert an zwei Fische (schwarz und weiß) erinnert, die sich organisch aneinanderschmiegen und durch die Farbe ihrer Augen aufeinander bezogen sind: Der helle YIN-Fisch hat ein schwarzes Auge und der dunkle YANG-Fisch ein weißes. Die Augen befinden sich am Kipp-Punkt der jeweiligen Zeichen und symbolisie-ren die untrennbare, dynamische Einheit der bei-den Zustände so wie der Zeitpunkt der Sommer-

sonnenwende auf den bevorstehenden Winter verweist und der Zeitpunkt der Wintersonnenwende auf den bevorstehenden Sommer.

Woher die alles belebende Lebensenergie Qi [氣] kommt, kann nach
Ansicht von Lao Zi und Zhuang Zi niemand wissen [5]. Deshalb sollten
Daoisten auch nicht den vergeblichen Versuch unternehmen, *»die äu-
ßerste Grenze einer Sache zu erkunden«* oder *»nach dem Ursprung
von allem«* [25.11] zu suchen. Wer es trotzdem in Erfahrung bringen
will, steht am Ende *»erschöpft und mit leeren Händen da«.* 25.12

Die a-religiösen Daoisten beschränken sich in ihrer Weisheitslehre auf
das, was sich zwischen Himmel und Erde ereignet. Sie geben der To-
talität der Immanenz den Vorzug vor metaphysischen Spekulationen
über Sachverhalte, die unsere Erfahrung übersteigen.

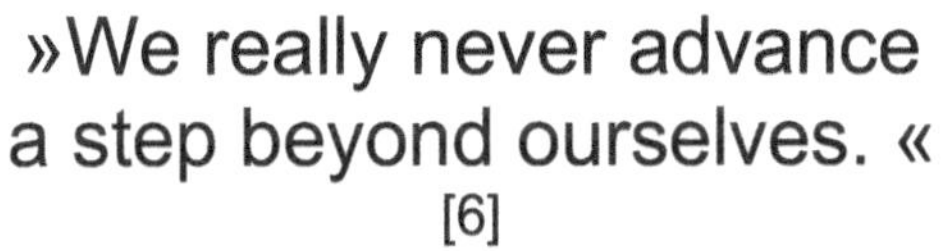

David Hume 1711-76.

Dadurch befreien sie sich von jedweder Abhängigkeit von überirdi-
schen Wesen und führen auch ohne die Gunst der Götter ein gutes,
naturgemäßes Leben. Gleichzeitig werten sie dadurch die Präsenz
des Wirklichen auf, das nicht als Abbild einer Idee oder als das Werk
eines allmächtigen Schöpfergottes bzw. eines *»unbewegten Bewe-
gers«* [7] verstanden wird.

URSPRUNG		
↙	↓	↘
Platonismus Christentum	**Daoismus**	Abendländische Philosophie
• Idee des Guten- Wahren-Schönen • Schöpfergott	**Totalität der Imma- nenz → Öffnung zur Welt / Präsens**	Metaphysik: Unbe- wegter Beweger

Für das daoistische Denken ist von entscheidender Bedeutung, dass in jedem Ende ein neuer Anfang wohnt, der den Prozess des kontinu-ierlichen Wandels in Bewegung hält, so dass es „nur" darauf an-kommt, dass jedes Lebewesen seine ihm eigenen Lebenskräfte ent-falten und möglichst lange ausschöpfen kann.

Aber wie werden zum Beispiel bei einem Schmetterling die verschie-denen Lebensphasen (Ei → Raupe → Puppe → Schmetterling) zu-sammengehalten?

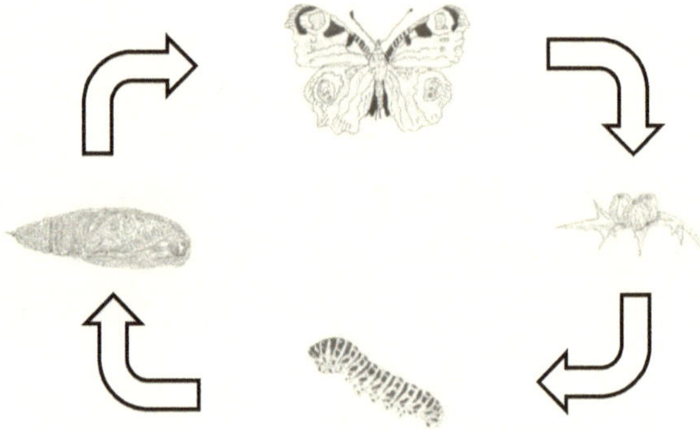

Das abendländische Denken, das sich vor allem für das *»Sein des Seienden, insofern es ist und nicht nicht ist«* [8], interessiert, sieht die einheitsstiftende Verbindung eines Wandlungsprozesses in seiner Substanz und unterscheidet dabei die Hinsichten von Möglichkeit und Wirklichkeit (1. und 2. Ordnung). Im Satz erscheint der identitätsstif-tende Wesenskern einer Sache als Subjekt, dem das Prädikat be-stimmte Eigenschaften oder Handlungsweisen zuschreibt.
Für einen Denker wie Aristoteles ist das Ei, das sich im Laufe der Zeit zu einem Adler entwickelt, der Möglichkeit nach schon ein vollkom-mener Adler, denn sonst könnte er sich nicht auf dieses Ziel (télos) hinbewegen, das ihn in seiner wirklichen, vollendeten Gestalt zeigt, wenn er fliegt (= Wirklichkeit 2. Ordnung).
Die Phasen zwischen Ei und flugtüchtigem Schmetterling sind für un-ser abendländisches Denken Entwicklungsabschnitte ein- und des-selben Lebewesens. Diese Logik der Identität ist der *»Garant für die*

Stabilität der Erkenntnis,« [9] die Denker wie Platon, Aristoteles, Kant und Hegel zu fixen Ideen, Begriffen und Kategorien verfestigten – die Grundlage für den wissenschaftlichen Diskurs, der je nach Fachgebiet auf einer anderen Immanenzebene wie Philosophie, Astronomie oder Biologie stattfindet. Dabei spielt der wissenschaftlich definierte Sprachgebrauch eine entscheidende Rolle.

Eine Sache nur *begriffen* zu haben, genügt dem daoistischen Denken nicht, es will sie allmählich und umfassend mit Herz und Geist realisieren – und zwar vorurteilslos und möglichst ohne Worte oder Begriffe, die immer mit einer bestimmten und sie bestimmenden Position verbunden sind. Gleichwohl war und bleibt die abendländische Art zu denken und wissenschaftlich zu forschen, sinnvoll und wertvoll.

»Die Natur reibt sich nicht in einer unendlichen Reihe von Zwecken auf.« [10]

Georg Büchner (1813-1837)

Für die Denker des Werdens, die die Wirklichkeit als unaufhörlichen Prozess betrachten, gibt es für Lebewesen kein Entwicklungsziel, sondern nur verschiedene, kontinuierlich aufeinanderfolgende Wandlungsphasen (biàn-tōng = *»Umwandlung-Wandlung«* [11]), die von selbst zu einer Veränderung führen, wenn die *»Zeit der Reife«* [11] gekommen ist.
Besonders gut beobachten lässt sich dieser Vorgang beim Häuten einer Schlange oder der Verwandlung einer Knospe in eine Blüte, aber natürlich auch bei der körperlichen und geistigen Entwicklung der eigenen Person – bis hin zu der ständig variierenden Beschreibung von Situationen, die man selbst erlebt hat, [12] und dem Übergang vom Leben zum Tod.

Das Denken der »*stillen Wandlungen*« sucht die Wahrheit nicht in abstrakten Begriffen [13], sondern in dem, was zu der gegebenen Situation im globalen Kontext, unserem Immanenzfond, passt. Es ist, um mit dem Zhuangzi zu sprechen »*mal Drache, mal Schlange, wandelt sich vollkommen mit dem Lauf der Zeit.*« 20.1

Der Fortschritt einer Erklärung besteht deshalb in der Variation der Rede *(»je nachdem«)* [14], die neue, bisher noch nicht zur Sprache gebrachte Aspekte einer Sache angemessen entfaltet. Der Weg, der für das abendländische Denken zur Wahrheit führen soll, ist für die altchinesische Weisheitslehre eine »*Frage der Gangbarkeit*« [14], die kein bestimmtes Ziel verfolgt. »Es ist der Weg, auf dem >es geht<, auf dem es >möglich< ist. […] Statt zur Wahrheit zu führen, ist er der Weg, auf dem sich Kongruenz realisiert.« [15]

Für das daoistische Denken ist die Leere genauso wichtig wie die Fülle. Lao Zi erläutert das Prinzip der Einheit von Präsenz und Nicht-Präsenz im *Daodejing*, Kapitel 11 am Beispiel eines Rades.

Damit es seine Funktion erfüllen kann, braucht es eine Nabe in seiner Mitte – genauso wie eine Schallplatte ein Loch. Diese leere Mitte ruht in sich, und um sie dreht sich alles. Und so hat die Leere seinen Platz im Zentrum der Fülle.

»*Die ganze Welt besteht aus der Fülle und der Leere in der Mitte. […] Die Nabe ist nicht das Urbild der Speichen, das Dao [, die namenlose Leere,] ist nicht das Urbild der Welt. […] Indem es leer bleibt, lässt es der »natürlichen« Fülle den Raum. […] Der Name […] gehört genauso zum Ding wie die >Sache< selbst. Die Sache >Pferd< und der Name »Pferd« machen beide gleichermaßen das Ding Pferd aus.*« [16]

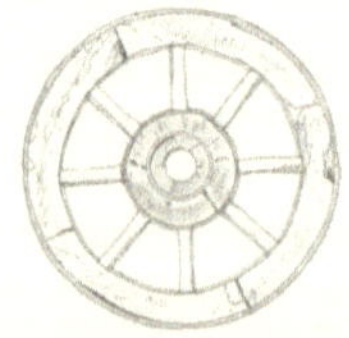

WIRKLICHKEIT		
↙	↓	↘
Platonismus Christentum	**Daoismus**	Buddhismus
Präsentation einer primären Präsenz ~ Siegel → Abdruck	• **Nicht-Präsenz & Präsenz** ~ **Nabe & Speichen** • **Präsenz = Name + Sache**	Ich-Illusionen

Da der Mensch wie die Tiere und Pflanzen *»unmittelbar [ein] Naturwesen«* [17] ist, hat er nach daoistischer Auffassung keine Vorrechte vor anderen Lebewesen. So unterschiedlich sie auch sein mögen, sie alle leben und sterben, sie haben sich das Leben nicht gewünscht und es als Leihgabe von der Natur erhalten. Diese natürliche Gleich-Gültigkeit ist ein zentraler Aspekt der daoistischen Weisheitslehre als Lebenskunst (Siehe unten, S. 25).

Das abendländisch-christliche Denken stellt den Menschen über Tiere und Pflanzen, weil er im Gegensatz zu ihnen vernunftbegabt ist und deshalb Selbstbewusstsein hat oder als Ebenbild Gottes angesehen wird.

MENSCH		
↙	↓	↘
Christentum	**Daoismus**	Abendländische Philosophie
• Krone der Schöpfung = • Ebenbild Gottes	**Auf einer Stufe mit Tieren und Pflanzen**	Vernunftbegabtes Sinnenwesen bzw. Gattungswesen

Die Gleichwertigkeit des Lebens beinhaltet für die Daoisten zugleich die freie Entfaltung der individuellen Lebenskräfte an dem Platz, dem die Natur den einzelnen Lebewesen als optimalen Lebensraum zugewiesen hat. Das natürliche Recht auf Verschiedenheit resultiert aus ihrer Einheit als Naturwesen, für deren leibliches Wohlergehen die Natur in gleicher Weise Vorsorge getroffen hat.

Körper und Herz-Geist bilden für die Daoisten eine untrennbare Einheit. Sie verdanken sich beide demselben Energie-Atem, dem Qì (Das chinesische Schriftzeichen 氣 bedeutet Dunst über kochendem Reis). Das Denken steht für daoistische Denker mit den anderen Sinnen gleichberechtigt auf einer Stufe. Das Bewusstsein wird als Funktion der Leiblichkeit angesehen, die gut genährt werden muss, vor allem durch die tiefe, lebenserhaltende Atmung, die regelmäßige Bewegung (QiGong) und das »Fasten des Herz-Geistes«, das Minimieren von Eindrücken, um die Lebenskräfte in einem harmonischen Gleichgewicht zu halten.

Zhuang Zi erzählt uns mit seiner Geschichte vom Schwimmer an den Wasserfällen von Lüliang beispielhaft, inwiefern der Daoismus eine Philosophie der (Über-)Lebenskunst ist:

Ein Schwimmer, der unversehrt einem reißenden Fluss entsteigt, wird von dem Gelehrten Kong Fu Zi nach seiner Methode gefragt.
Er antwortet: »Ich habe keine spezielle Methode entwickelt, um nicht unterzugehen. Der Ausgangspunkt meiner Entwicklung war das ursprünglich Gegebene; ich habe über einen langen Zeitraum meine natürlichen Fähigkeiten trainiert, und jetzt füge ich mich in das Unabänderliche. […] Ich folge dem Weg des Wassers und versuche nicht, dagegen anzukämpfen. […] Ich stamme hier aus den Bergen und fühle mich in ihnen zu Hause; das ist das ursprünglich Gegebene. Ich bin mit dem Wasser aufgewachsen und fühle mich in ihm aufgehoben; das ist mir zu meiner Natur geworden. Ich denke nicht darüber nach, was ich beim Schwimmen tue und was richtig ist; das ist das Unabänderliche.« 19.10

In dieser Geschichte begegnen sich ein Kenner (der Weise) und ein Könner (Sportler), dessen Schwimmkunst ihn davor bewahrt, in den reißenden Fluten unterzugehen. Im Gegenteil, er erlebt sein gefährliches Abenteuer als lustvoll, denn er entsteigt dem »reißenden Fluss« mit einem Lied auf den Lippen.

Dass die Daoisten die Praxis höher schätzen als die Theorie hat drei gute Gründe: Erstens gibt es bezüglich der Frage, ob etwas „dies" oder „das" ist, stark oder schwach, gut oder böse, immer wieder neue Streitigkeiten unter den Experten. Zweitens erfasst die sprachliche Analyse einer Sache immer nur Teilaspekte des Ganzen. Wer etwas weiß und das Gelernte anwenden kann, geht drittens wirkmächtiger mit einer Sache um als derjenige, der darüber nur etwas in Büchern gelesen hat.

Der unbekannte Schwimmkünstler lebt – im Gegensatz zu Kong Fu Zi – ganz offensichtlich im Einklang mit dem DAO, und diese Fähigkeit geht, wie er selbst sagt, weit über irgendeine bestimmte, zweckorientierte Methode hinaus. Er nutzt – im Sinne der Wirksamkeit durch Anpassung – handlungselastisch sein Situationspotenzial.
Und das Element, in dem er sich bewegt, das Wasser, symbolisiert die Wirkkraft des Dao auf ganz besondere Weise: Wasser ist Leben, es ist stärker als Stein und dringt problemlos in alle Lücken. Den Weg dorthin findet es ganz von selbst und ohne jede Absicht; es ist in seinem Lauf nicht aufzuhalten, verfolgt aber dabei kein Ziel.

Der Schwimmer beginnt seinen Entwicklungsweg auf der Grundlage natürlicher Voraussetzungen: Er fühlt sich von Kindesbeinen hier in den Bergen von Lüliang zu Hause (»*first nature*«), und er hat seine Schwimmfähigkeiten so trainiert („*de*" = *Tüchtigkeit*), dass er im Wasser in seinem Element ist. Er bewegt sich beim Schwimmen ohne nachzudenken und ohne großen Kraftaufwand (»*wú wéi*« = *Nicht-Tun*) und „folgt seinem Weg" – ähnlich wie ein guter Fußballer, der im Spielverlauf instinktiv die richtige Lücke findet. Er entfaltet seine Wirkkräfte im Einklang mit der Strömung (*»natural way«*). So ist ihm der Fluss ist zu seiner zweiten Natur (*»second nature«*) geworden. Für ihn gibt es keine Trennung zwischen Subjekt und Objekt, und er kann sein Leben als Schwimmer trotz aller Gefahren in vollen Zügen genießen.

Lao Zi

»Der vollkommene Mensch ist wie das Wasser. Wasser besitzt die Eigenschaft, für alle Lebewesen nützlich zu sein.
Es kämpft nicht
und nimmt den Platz ein, den die anderen für schlecht halten.
Das ist der Grund, warum es dem Dao so nah ist.« [18]

Diese Art des Wirkens in und mit den Dingen beschränkt sich nicht nur auf den Umgang mit Naturelementen. Auch Tänzer, Schriftsteller oder Gärtner können ihr Naturell auf diese Art und Weise so weit entwickeln, dass sie ihre Wirkkräfte handlungsminimalistisch und effektiv entfalten.

Und dies gilt sogar für sogenannte Taugenichtse. Zhuang Zi hat sich selbst ein Leben lang darum bemüht, nutzlos zu erscheinen. Er hatte nämlich erkannt, dass die Nutzlosigkeit den als nutzlos betrachteten Menschen davor schützt, instrumentalisiert zu werden. Die „nützlichen Idioten" sind deshalb früher erschöpft als die Nutzlosen.
Dadurch verringert sich ihre Chance, ein langes, erfülltes Leben zu führen. Außerdem war Zhuang Zi der Ansicht, dass alles nur relativ nützlich oder nutzlos ist.

Der vollkommene, weise Mensch hat nicht nur das ihm eigene Naturell entwickelt, er weiß sich auch mit allen anderen Menschen als sozialer Körper verbunden, und deshalb benutzt er seine Mitmenschen nicht wie Dinge oder schadet ihnen. Er hat nicht seinen eigenen Vorteil im Blick, buhlt nicht um Anerkennung, veranlasst die anderen nicht dazu, etwas Unnatürliches zu tun, und teilt brüderlich mit ihnen, was

16

die Natur ihm zukommen lässt. Und er greift nicht in die natürlichen Vorgänge ein, um ihnen zu helfen, zum Beispiel beim Wachsen.

Er begegnet seinen Mitmenschen wie ein Spiegel (»jing«; bedeutet auch Ruhe), er (ver-)urteilt nicht, ist nicht nachtragend und verfolgt keine bestimmten Ziele. Damit würde er sich nur in eine Vielzahl von Problemen verwickeln. Weitere Wesensmerkmale sind Ruhe und Heiterkeit. Zhuang Zi vergleicht ihn mit einem Landstreicher, der unauffällig verschwindet und gutmütig wieder zurückkehrt.

<table>
<tr><td>

»Der Weise ist geschmeidig wie das Wasser,
er ist bewegungslos wie ein Spiegel,
er kann klingen wie ein Echo.« 33.5

</td><td>

Zhuang Zi

</td></tr>
</table>

Wer im Einklang mit der Natur lebt und verstanden hat, dass alle Menschen, Tiere und Pflanzen in gleicher Weise Naturwesen sind, tritt ihnen (als Daoist) aufrichtig und wohlwollend gegenüber und unterlässt alles, was der Natur schaden könnte, selbst wenn er dafür auf etwas verzichten muss. Er schätzt den Geschmack des Faden, weil er so – ohne Vorlieben oder Abneigungen – die verschiedenen Geschmacksrichtungen in ihrer Eigenart am besten realisieren kann.

Die folgende Geschichte der Affenwärter seinen Schützlingen zeigt, wie man als Daoist ohne Vorurteile mit einem Konflikt umgeht.

Wer sich abmüht, mit Geist und Verstand alles als eins zu betrachten, aber nicht weiß, dass alles von ihm durchdrungen ist, wird „morgens drei" genannt. Was ist damit gemeint?

Ein Affenwärter fütterte seine Schützlinge mit Eicheln und sagte zu ihnen: »Ihr bekommt von mir morgens drei und abends vier Eicheln.« Diese Ankündigung verärgerte die Affen. Da sagte der Affenwärter: »Na gut, dann bekommt ihr morgens vier und bei Einbruch der Dämmerung drei Eicheln.« Diese Nachricht freute die Affen.
Dadurch änderte sich zwar nichts an der Zahl der gewählten Worte und auch nichts am gesamten Sachverhalt, aber es zeigte dennoch eine gute Wirkung. […] Und genau aus diesem Grund harmonisiert der weise Mensch die Gegensätze von »wahr« und »falsch« und kommt dadurch im Einklang mit der himmlischen Natur zur Ruhe. – Das ist damit gemeint, die beiden Seiten einer Sache zu berücksichtigen. 2.6

In dieser Geschichte reagieren die Affen allzu menschlich auf die Ankündigung des Affenwärters: *»Ihr bekommt von mir morgens drei und abends vier Eicheln.«* Sie ärgern sich, weil drei Eicheln am Morgen weniger sind als vier am Abend. Als der Affenwärter ihnen entgegenkommt und sagt: *»Na gut, dann bekommt ihr morgens vier und bei Einbruch der Dämmerung drei Eicheln.«*, freuen sie sich.
Das zeigt, wie verwirrt ihr Herz-Geist ist. Ihre Perspektive ist so beschränkt, dass sie nicht erkennen, dass die beiden Ankündigungen des Affenwärters aufs Ganze betrachtet denselben Sachverhalt mit fast denselben Worten zur Sprache bringen. Sie sind offensichtlich auf den ersten Teil der Aussagen im Gegensatzdenken fixiert (*»morgens vier«* versus *»morgens drei«*). Zhuang Zi konstatiert diesen

Sachverhalt lediglich, ohne ihn zu kommentieren oder die Affen als dumm hinzustellen.

Im Gegensatz zu den Affen verfügt der weise Affenwärter über zwei verschiedene Perspektiven auf das Geschehen – die der verwirrten Affen und eine zentrale *Null-Perspektive* (= 360^0 – Rundumsicht), die man bei einem Rad in seiner leeren Mitte ansiedelt – nicht zu verwechseln mit dem »Maß er Mitte«, das auch Ausdruck von Mittelmäßigkeit sein kann. Aus dieser Position heraus kann er *»alles als eins [...] betrachten«,* wie es im Vor-Wort der Geschichte heißt, und ist deshalb in der Lage, die *»beiden Seiten einer Sache berücksichtigen«,* wie es das Nach-Wort erläutert.

Deshalb kann er gelassen, mit minimalem Aufwand und kontextsensitiv mit der beschriebenen Problemsituation umgehen. Er nimmt den Ärger seiner Schützlinge ernst, obwohl man ihn von außen betrachtet, lächerlich finden könnte, tritt ihnen gegenüber wohlwollend und nicht rechthaberisch auf und kann deshalb den aufgetretenen Konflikt, *»die Gegensätze von >wahr< und >falsch<«,* in kürzester Zeit so *»harmonisieren«,* dass sie *»im Einklang mit der himmlischen Natur zur Ruhe«* kommen.

Das Gehen von zwei Wegen (*»two roads«*), um zwischenmenschliches Problem zu lösen, lässt sich auf alle möglichen Lebenssituationen übertragen, auch wenn sich die Handlungsalternativen nicht wie in der Geschichte vom Affenwärter einfach mathematisieren (3 + 4 = 4 + 3) lassen: Im alten China war es Sitte, dass sich ein Mann und eine Frau nicht mit der Hand berühren dürfen, wenn sie sich etwas anreichen. Würde man sich sklavisch an dieses Gebot halten, dürfte man die eigene Schwägerin nicht mit der Hand aus dem Wasser ziehen, wenn sie zu ertrinken droht. Aber wer hier nicht die »beiden Seiten einer Sache« berücksichtigt, handelt unmenschlich.

MORAL		
↙	↓	↘
Kant	**Daoismus**	Utilitarismus
Pflichtethik: Ohne Wenn und Aber, du kannst, denn du sollst!	**Je nachdem – den Menschen gerecht**	Nützlichkeitsethik: Das größtmögliche Glück für die größtmögliche Zahl

Die Handlung des Affenwärters, das Tun ohne Tun (wú wéi), erscheint den Daoisten in ethischer Hinsicht als vorbildlich, weil es eine *»gute Wirkung«* zeigt. Entgegen dem Diktum des russischen Schriftstellers Fjodor M. Dostojewski: *»Wenn Gott nicht existiert, ist alles erlaubt«* findet das altchinesische Denken einen a-moralischen, naturgemäßen dritten Weg zwischen den Pflichten von Konfuzianismus und Christentum und der *Anything-goes-Haltung* der Relativisten und Anarchisten – ohne der Alleinheitslehre des Buddhismus, dem *»tattvam-asi«* (*»Das bist du.«*), das Wort zu sprechen.

MORAL		
↙	↓	↘
Konfuzianismus Christentum	**Daoismus**	Relativismus Anarchie
• Tugendlehre • Liebesgebot	**A-Moralismus: Naturalismus = Humanismus**	• Anything goes • Homo homini lupus est.

In praktischer Hinsicht kommt es für die Daoisten darauf an, dass jedes Lebewesen seine ihm eigentümliche Lebenskraft entfalten kann. Und genau das bringt ein einfacher Hütejunge gegenüber dem großen Gelben Kaiser zum Ausdruck, als dieser ihn fragt, wie sich ein guter Herrscher verhalten soll. Er antwortet: *»Über die Menschen zu herrschen, was ist das anderes als Pferde zu hüten? Man muss alles zurückhalten, was den Pferden schaden könnte. Mehr ist das nicht zu tun.«* 24.3

Diese Haltung fordert auch die Straßenverkehrsordnung von uns in Deutschland, die man deshalb in den §1 der daoistischen Menschenordnung umformulieren kann. Wer dagegen bewusst verstößt, dem ist nach daoistischer Überzeugung der Herz-Geist abgestorben – das Schlimmste, was einem Menschen widerfahren kann.

<table>
<tr><td>

▽   **§ 1 Menschenordnung**   ▽

(1) Das Zusammenleben erfordert ständige Vorsicht und gegenseitige Rücksicht.

(2) Wer mit anderen zusammenlebt, hat sich so zu verhalten, dass kein anderer geschädigt, gefährdet oder mehr, als nach den Umständen unvermeidbar, behindert oder belästigt wird.

</td></tr>
</table>

Der Einklang mit der Natur und die *Null-Perspektive*, dem in sich ruhenden Rundumblick auf alle Phänomene der Immanenz, sind auch für das Erkennen im daoistischen Sinne von entscheidender Bedeutung, wie Zhuang Zis berühmter Schmetterlingstraum zeigt:

Einmal träumte Zhuang Zhou, ganz und gar ein Schmetterling zu sein, ein lebendig umherflatternder Schmetterling, ganz im Einklang mit seiner Natur verfolgte er dabei seine Ziele und wusste nichts mehr von Zhuang Zhou.
Kurz darauf erwachte er aus seinem Traum und stellte freudig überrascht fest, dass er wieder Zhuang Zhou war. Doch er konnte nicht sagen, ob er Zhuang Zhou war, der geträumt hatte, ganz und gar ein

Schmetterling geworden zu sein, oder ob er jetzt ein Schmetterling ist, der davon träumt, Zhuang Zhou zu sein.
Aber Zhuang Zhou und der Schmetterling sind doch zwei ganz verschiedene Lebewesen! Das nennt man den Wandel der Lebewesen. 2.14

Zhuang Zi, der hier als auktorialer Erzähler auftritt, lässt uns wissen, dass sich eine vollkommene Verwandlung vom träumenden Zhuang Zhou und dem träumenden Schmetterling ereignet. Die beiden von ihnen erlebten Zustände sind gleich gültig, authentisch und scharf voneinander abgegrenzt. Und nur deshalb können beide Lebewesen dadurch ihre natürlichen Wirkkräfte erweitern *(»deepest total being«)*: Zhuang Zhou wird im Traum *»ganz und gar zum Schmetterling«*, der *»nichts mehr von Zhuang Zhou«* weiß und deshalb eine ganz neue Erfahrung macht – nämlich als kleiner Falter gegenwärtig, frei und absichtslos *umherflattert* – vergleichbar dem unbeschwerten Spiel von Kindern, die sich im vollkommenen Einklang mit der Natur bewegen. Und der Schmetterling träumt davon, Zhuang Zhou zu sein – so unglaublich das auch klingen mag.

> **»Der Weise benutzt keine Worte für seine Lehre.«** 22.1

Zhuang Zi

Damit Zhuang Zhou diese Transformation realisieren kann, muss er seinen Verstand und sein Selbstbewusstsein *ausschalten* und den Sprung von der wortgewaltigen Erkenntnis (*»connaissance«*) zum sprachlosen Einverständnis (*»connivence«*) wagen.

Der Schmetterlingstraum ist kein Wachtraum, also ein Traum, in dem der Träumende weiß, dass er träumt, und der Träumer kann sich nach dem Aufwachen auch nicht mehr an das Geträumte erinnern und darüber nachdenken, wie es der französische Philosoph René Descartes in seinen *Meditationen* tut, um dadurch festzustellen, dass kein noch so wirklichkeitsgetreuer Traum ihn darüber hinwegtäuschen kann, dass er es ist, der da träumt und zweifelt. *(»cogito, ergo sum.«)* Für ihn hat der wache Verstand eine größere Bedeutung als der Schlaf, der ja zugleich ein Schlaf der Vernunft ist.

Zhuang Zhou und der Schmetterling sind und bleiben »*zwei ganz verschiedene Lebewesen*«, denn sonst könnte man den beschriebenen Wandlungsprozess vom Wachzustand zum Traumzustand und umgekehrt gar nicht erklären. Trotzdem sind die beiden wie in einer Endlosschleife zugleich untrennbar miteinander verbunden, was die gleichwertige Verbindung zwischen Mensch und Tier im vollkommenen Einklang mit der Natur zum Ausdruck bringt.

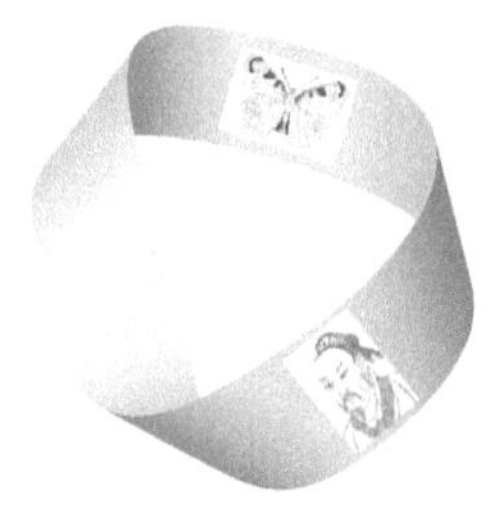

Mit Hilfe des Möbius-Bands kann man den nahtlosen Verwandlungsprozess von Zhuang Zi in einen Schmetterling und umgekehrt sinnlich erfahrbar machen.

Das Möbiusband bezeichnet eine Fläche, die nur eine Kante und eine Seite hat. Sie ist nicht orientierbar, das heißt, man kann nicht zwischen unten und oben oder zwischen innen und außen unterscheiden. Der Namensgeber des Bandes, der Mathematiker und Astronom A. F. Möbius, hat es 1858 beschrieben.

Ein Möbiusband ist leicht herzustellen, indem man einen längeren Streifen Papier mit beiden Enden ringförmig zusammenklebt, ein Ende aber vor dem Zusammenkleben um 180° verdreht.

Der erste Zhuangzi-Interpret, der Philosoph Guo Xiang, hat den Schmetterlingstraum als Symbol für das Verhältnis von Leben und Tod gedeutet. Daoistisch betrachtet, kann man keinem der beiden Zustände einen Vorrang einräumen. Analog sind auch Tag und Nacht, Licht und Schatten, Sein und Nichts gleichwertige Phasen eines großen Wirkungszusammenhangs, die vom DAO getragen werden.

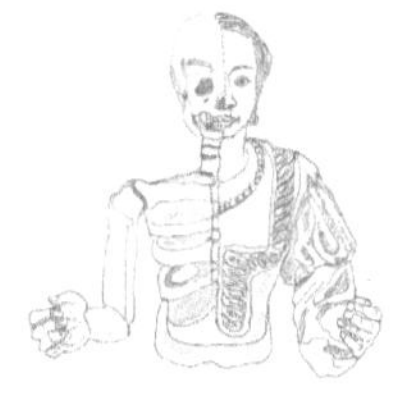

Der Schmetterling selbst ist für die Daoisten das beeindruckendste und zugleich schönste Beispiel für den Vorgang der Transformation, der vom Ei über Raupe und Puppe bis hin zum fliegenden, eierlegenden Falter immer wieder neu verläuft: »*Verwandlung-Fortbestand*« (bian-tong) ist die chinesische Bezeichnung für diesen sich von selbst so ereignendem dynamischem Prozess, in dem die Verwandlung für den Fortbestand einer *Sache* sorgt.

Auch das abendländische – dem Sein verpflichtete – Denken und die altchinesische Weisheitslehre des Werdens sind als Gegensätze aufeinander bezogen. Beide Perspektiven gehören zur selben kosmischen Wirklichkeit und ergänzen sich mit ihren unterschiedlichen Stellungnahmen zur Welt.

Der Dichter Franz Kafka (1883-1924), der sich wenige Jahre vor seinem Tod intensiv mit den Schriften von Lao Zi und Zhuang Zi beschäftigte, bezeichnete die Weisheitssprüche von Lao Zi als *»steinharte Nüsse«*. Als er sie wie Glaskugeln »aus einem Gedankenwinkel in den anderen gleiten ließ«, blieben sie leider nicht liegen. Kafka erklärt sich dieses Problem mit der *„trostlosen Seichtigkeit"* seiner *»Gedankenmulden.«* [20] Deshalb ermutigt er uns im Umgang mit der daoistischen Weisheitslehre zum *»Wagnis der geduldigen Hingabe.«*

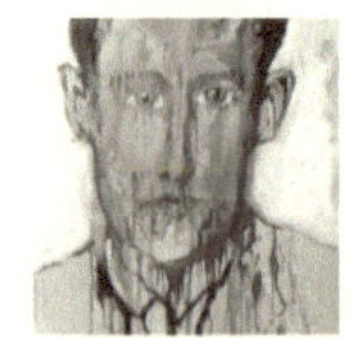

Franz Kafka (1883-1924)

»Der Weg zur Wahrheit hat keinen Fahrplan. Hier gilt nur das Wagnis der geduldigen Hingabe. Ein Rezept wäre schon ein Zurückweichen, ein Misstrauen und damit schon der Anfang eines Irrweges.« [19]

DAOISMUS

als Lebenskunst

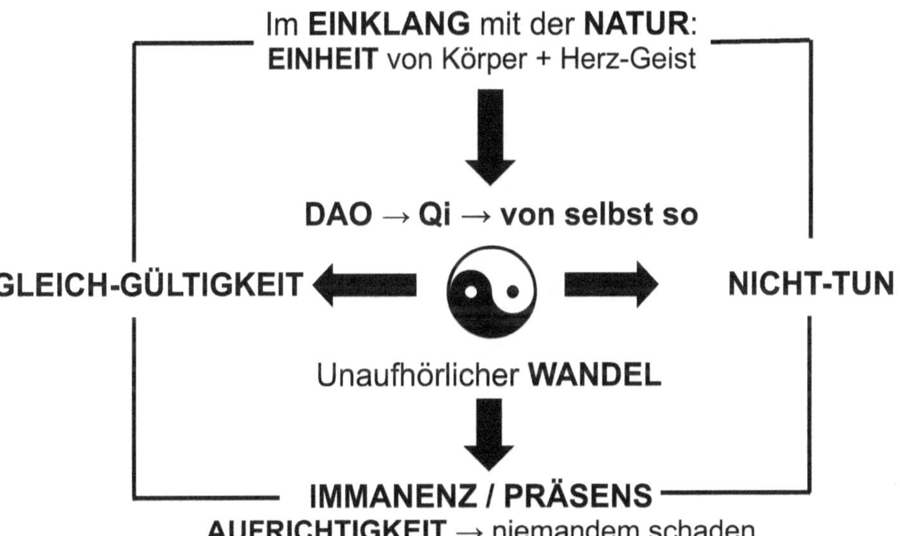

Quellenverzeichnis

[1] Albert Schweitzer: Geschichte des chinesischen Denkens, Werke aus dem Nachlass im Verlag C.H. Beck, München 2002, S.68 + 100

[2] Karl Jaspers: Aus dem Ursprung denkende Metaphysiker, Anaximander, Heraklit, Parmenides, Plotin, Anselm, Spinoza, Laotse, Nagarjuna, Piper, München 1957, S. 322

[3] Ralph Waldo Emerson: Tagebücher. Aus dem amerikanischen Englisch übersetzt, herausgegeben und kommentiert von Jürgen Brôcan. Matthes & Seitz, Berlin 2022, S. 493

[4] Vgl. dazu Heraklit: Man kann nicht zweimal in denselben Fluss steigen; wir sind es und wir sind es nicht. fr. 49a, in: Die Vorsokratiker, Die Fragmente und Quellenberichte, übersetzt und eingeleitet von Wilhelm Capelle, Kröner Verlag, Stuttgart 1968, S. 132

 + Charles Darwin (1809-1882): Nichts in der Geschichte des Lebens ist beständiger als der Wandel. https://www.aphorismen.de/zitat/21925

[5] Lao Zi: Daodejing 1: Der Ursprung von Himmel und Erde ist namenlos.

[6] David Hume: A LETTER FROM A GENTLEMAN TO His Friend in *Edinburgh:* Containing Some OBSERVATIONS on A Specimen of the Principles concerning RELIGION and MORALITY, *said to be* maintain'd in a Book lately publish'd, intituled, *A Treatise of Human Nature*, &c. L 7, Nor 421-3 - https://davidhume.org/texts/l/

[7] Aristoteles, Metaphysik Buch XII

[8] Aristoteles, Metaphysik Buch VI

[9] Jullien, François Jullien: Die stillen Wandlungen. Baustellen I. Aus dem Französischen von Ronald Voullié. Merve Verlag, Berlin 2010, S.100

[10] Georg Büchner: Werke und Briefe. Münchener Ausgabe. Herausgegeben von Karl Pörnbacher u.a., dtv, München ²1992, S. 259f.

[11] Jullien, François Jullien: Die stillen Wandlungen. Baustellen I. Aus dem Französischen von Ronald Voullié. Merve Verlag, Berlin 2010, S.128

[12] Vgl. dazu: P. Thomä: Erzähle dich selbst - Lebensgeschichte als philosophisches Problem, suhrkamp, Frankfurt a. M. 2007

[13] G.W.F. Hegel: „Die wahre Gestalt, in welcher die Wahrheit existiert, kann allein das wissenschaftliche System derselben sein. [...] an dem Begriffe allein das Element ihrer Existenz zu haben." In: Georg Friedrich Wilhelm Hegel, Vorrede zur Phänomenologie des Geistes. In: G.W.F. Hegel Theorie Werkausgabe. Werke 3, Phänomenologie des Geistes, Suhrkamp, Frankfurt am Main 1972, S. 14f.

[14] François Jullien: Der Weise hängt an keiner Idee. Das Andere der Philosophie. Fink Verlag, München 2001, S. 109f.

[15] François Jullien: Der Weise hängt an keiner Idee. Das Andere der Philosophie. Fink Verlag. München 2001, S. 107f.

[16] Hans-Georg Möller: In der Mitte des Kreises. Daoistisches Denken. Verlag der Weltreligionen im Insel Verlag, Berlin 2010, S. 164, 201, 164, 190. 183

[17] Karl Marx: III. Kritik der Hegelschen Dialektik und Philosophie überhaupt. In: ders. Karl Marx – Friedrich Engels: Werke, Band 40. Dietz Verlag Berlin 1990, S.578

[18] Lao Zi: Daodejing, 8

[19] Gustav Janouch: Gespräche mit Kafka. Erweiterte Ausgabe. Frankfurt am Main 1968, S. 208

© T. Umlauf 2023

Der Autor, Künstler und Didaktiker Michael Wittschier, 1953 in Köln geboren, lebt seit 1980 im Bergischen Land. Von 1980 – 2017 unterrichtete er am Städtischen Engelbert-von-Berg-Gymnasium in Wipperfürth die Fächer Deutsch und Philosophie.

Mit seinem Buch *Abenteuer Philosophie* (1996) interessierte er viele tausend Leser für das philosophische Denken – auch im fernen Korea, und seit über 20 Jahren bereiten sich Schülerinnen und Schüler in NRW mit seinem *Basiswissen Abitur – Philosophie* auf die zentrale Abschlussprüfung am Ende der Oberstufe vor.

Im Folgenden werden alle daoistischen Publikationen des Autors kurz vorgestellt.

www.wittschier.de

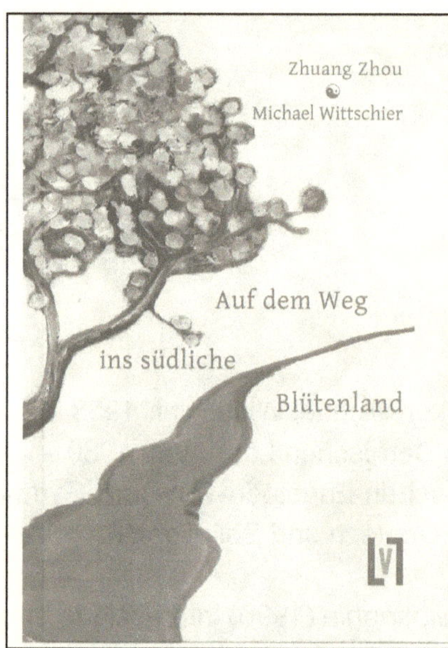

Die Lebensgeschichte von Meister Zhuang (365-290 v.u.Z.) vermittelt in episodischer Form die ganze Bandbreite der eng mit der Natur und den Lebensgewohnheiten der Menschen verbundene daoistische Weisheitslehre des vielleicht interessantesten Denkers aus dem alten China.	Die im *ZHUANGZI, dem Hauptwerk* des altchinesischen Denkers Zhuang Zi (365-290 v.u.Z.), verstreuten Aussagen zum Menschenbild, zur Erkenntnis, dem guten Handeln, der guten Staatsführung, dem DAO, zur Flora und Fauna werden hier in gebündelter Form vorgestellt und erläutert. Außerdem untersucht der Autor die *sprechenden Namen* im *ZHUANGZI*.
Leipziger Literaturverlag, Leipzig 2024 (85 S.)	**Leipziger Literaturverlag,** Leipzig 2024 (120 S.)

Der ZHUANGZI-SCHLÜSSEL bietet den Leserinnen und Lesern in alphabetischer Anordnung eine Auswahl von 300 Weisheiten aus dem ZHUANGZI. Sie sollen das Interesse für die daoistische, altchinesische Philosophie der Lebenskunst wecken, das eigene Denken bereichern und zugleich den Horizont unserer abendländisch geprägten Sicht der Wirklichkeit erweitern. (100 Seiten)

Das vorliegende Lese- und Arbeitsbuch ist so konzipiert worden, dass es zu 48 klar formulierten, philosophisch relevanten Problemstellungen aus den Inhaltsfeldern Anthropologie, Erkenntnistheorie, Ethik, Natur-, Staatstheorie und Weisheitslehre einen kurzen altchinesischen Text und eine sinologisch gestützte Deutungshilfe anbietet und anschließend einen thematisch dazu passenden Referenztext aus dem antiken bzw. modernen europäischen Denkraum, der zum direkten Vergleich – mit Blick auf Gemeinsamkeiten und Unterschiede – herausfordert. Dadurch sollen Denkwege zwischen den beiden Philosophien und Weisheitslehren eröffnet werden, die zum Vergleich einladen, die aber auch deutlich die Unterschiede zwischen der chinesischen und der europäischen Denkkultur aufzeigen.

BoD 2024	**Westermann Verlag 2025**
(100 S.)	(400 S.)

Müssen wir uns die Kölner als daoistische Philosophen vorstellen? Die Antwort scheint nahezuliegen: »Kenne me nit, bruche mer nit, fott damit!«. So brächten wir uns allerdings um das Vergnügen, den Lebensmaximen des Kölschen Grundgesetzes in der weit über 2000 Jahre alten chinesischen Weisheitslehre wiederzubegegnen. DAO DE COLONIA ist ein gewitzter Essay über west-fernöstliches Denken und vermittelt en passant einen Einblick in das daoistische Denken von Lao Zi (6. Jh. v.u.Z.) und Zhuang Zi (365-290 v.u.Z.)

In diesem Stadtführer begleitet man die beiden alten chinesischen Denker Lao Zi (Laotse, ca. 600 Jh. v.u.Z.) und Zhuang Zi (Dschuang Dsi, ca. 365 – 290 v.u.Z.) bei ihrem vergnüglichen Streifzug durch Köln. Dabei erfahren die Leser nicht nur viele interessante Details über die Domstadt, sondern gewinnen auch einen ersten Einblick in das daoistische Denken. »Dao« heißt chinesisch »Weg«, und das Ideal der daoistischen Lebenshaltung ist das sorglose Umherstreifen. Dies gilt auch für die Lektüre dieses Stadtführers.

GREVEN VERLAG	**BoD**
KÖLN 2023 (100 S.)	2024 (40 S.)

www.ingramcontent.com/pod-product-compliance
Lightning Source LLC
LaVergne TN
LVHW041810190726
843493LV00009B/2861